# DEUXIÈME PARTIE.

⟫⟫✦⟪⟪

## PREMIÈRE CLASSE.

ÉTUDE DE LA TRANSPOSITION, OU LECTURE SUR TOUTES LES CLÈS.

### PORTÉE MUSICALE.

Les chiffres qui nous ont servi jusqu'ici dans nos études d'intonation, ne sont pas employés dans la notation usuelle de la musique. Pour représenter les sons, on se sert de *cinq barreaux noirs* parallèles, séparés par *quatre interlignes ou barreaux blancs*, et dont l'ensemble prend le nom de PORTÉE MUSICALE. Voici cette portée, avec un numéro d'ordre pour chacun de ses neuf barreaux (cinq noirs, quatre blancs).

Ainsi, en commençant par le premier barreau noir d'en bas, et en comptant successivement *un noir, un blanc*, etc., on trouve NEUF BARREAUX, dont les *cinq noirs* portent les *numéros impairs* 1, 3, 5, 7, 9; tandis que les *quatre blancs* portent les *numéros pairs* 2, 4, 6, 8. (Vérifiez ci-dessus.)

Pour que ces neuf barreaux puissent représenter des sons, on convient de donner un nom à l'un d'eux; on l'appelle UT, par exemple, et les autres barreaux prennent les noms de *ré, mi, fa, sol, la, si, ut*, etc., en montant; et les noms de *si, la, sol, fa, mi, ré, ut*, etc., en descendant. Un point noir indique la note sur le barreau.

Supposons, par exemple, que l'on nomme successivement UT le barreau **1**, le barreau 3, le barreau 5, et le barreau 7, on aura les portées suivantes:

8

**Ut au nº 1.**

**Ut au nº 3**

UT ré mi fa sol là si UT ré    la si UT ré mi fa sol la si

**Ut au nº 5.**

**Ut au nº 7.**

fa sol là si UT ré mi fa sol    ré mi fa sol là si UT ré mi

Quelquefois, au lieu de désigner le *barreau de l'ut*, on désigne le *barreau du fa* ou du *sol,* et les autres tirent leur nom du *barreau fa*, ou du *barreau sol.* Dans les deux cas, l'*ut* se rencontre sur *un barreau blanc.*

EXEMPLES :

**Fa au nº 5.**

**Fa au nº 7.**

si UT ré mi FA sol là si UT    sol la si UT ré mi FA sol fa

**Sol au nº 3.**

**Sol au nº 1.**

mi fa SOL là si UT ré mi fa    SOL la si UT ré mi fa SOL la

Enfin, dans quelques cas, quand on veut écrire plus de neuf sons, on ajoute au-dessus et au-dessous de la portée, selon le besoin, des petits barreaux noirs, que l'on nomme *supplémentaires,* et qui permettent d'écrire autant de sons qu'on le désire.

EXEMPLES:

**Ut au nº 6.**

sol la si ut ré mi fa sol la si UT ré mi fa sol la si ut ré

**Ut au nº 3.**

ut ré mi fa sol la si UT ré mi fa sol la si ut ré mi fa sol

Pour désigner les barreaux *fa, ut, sol*, l'usage a consacré les trois signes suivants que l'on nomme *clés*:

Clé SOL; c'est-à-dire: signe indiquant que le barreau qui passe au milieu du rond s'appelle SOL. Cette clé ne se met que sur les numéros 1 et 3.

sol nº 1.    sol nº 3.

Clé UT; c'est-à-dire: signe indiquant que le barreau qui passe entre les deux crochets s'appelle UT. Cette clé peut se mettre sur les barreaux nº 1, 3, 5 et 7.

ut 1.    ut 3.    ut 5.    ut 7.

Clé FA; c'est-à-dire: signe indiquant que le barreau qui passe entre les deux points s'appelle FA. Cette clé ne peut se mettre que sur les barreaux nº 5 et 7.

fa nº 5.    fa nº 7.

C'est-à-dire, que l'on désigne toujours l'un des trois barreaux *fa, ut, sol*. Il y a donc trois clés (1), la clé FA, la clé UT, et la clé SOL (2). Ces clés ne se posent jamais que sur l'un des quatre barreaux noirs inférieurs, de la manière suivante:

La clé *sol* se met sur les nº 1 et 3.

La clé *ut* se met sur les nº 1, 3, 5, et 7.

La clé *fa* se met sur les nº 5 et 7.

Quand une portée est armée de sa clé, on met un point noir sur chacun des barreaux qui doivent représenter les sons que l'on veut chanter. Qu'il s'agisse, par exemple, d'écrire sur la portée les notes suivantes:

1 3 5 7 2̇ 1̇ 7 6 4 2 7 5 3 2 1 3 5 7 2̇ 1̇ 7 6 5 2 4 3 1

Supposons que l'on nous donne une portée ayant une clé UT au nº 1, nous y poserons nos points noirs de la manière suivante:

1 3 5 7 2̇ 1̇ 7 6 4 2 7 5 3 2 1 3 5 7 2̇ 1̇ 7 6 5 2 4 3 1

La même chose se ferait pour les trois autres clés UT, pour les deux clés FA et pour les deux clés SOL. Le point de départ étant changé, tout le reste le serait de même; mais les intervalles entre les sons consécutifs seraient toujours les mêmes. Si les points noirs tombaient hors de la portée, soit au-dessus, soit

---

(1) Voir la théorie des clés, à la fin de l'ouvrage page 273.

(2) Il faut dire: *clé fa, clé ut, clé sol*, et non pas: *clé* DE *fa, clé* DE *ut, clé* DE *sol*; ces dernières locutions font croire aux commençants que *clé* DE *fa* veut dire *clé* DU TON DE *fa*; *clé* DE *sol* ⋯ de *sol*; *clé* DE *ut, clé* DU TON d'*ut*

au-dessous, on aurait recours aux barreaux supplémentaires, **en nombre suffisant.**

Comment on trouve le barreau **ut**.

Le barreau **ut** *se trouve au moyen de la clé.*

Si l'on a une *clé* **sol**, l'**ut** est à la. . . { 4te *au-dessus,* 5te *au-dessous.* } **Ex :**

Si l'on a une *clé* **ut**, l'**ut** est sur le *barreau de la clé.* **Ex.**

Si l'on a une *clé* **fa**, l'**ut** est à la. . . { 5te *au-dessus,* 4te *au-dessous.* } **Ex :**

### REMARQUES IMPORTANTES

Pour apprendre à trouver facilement le nom des barreaux.

Il est important de remarquer :

1° Que l'**ut** n'occupe réellement sur la portée que *deux positions principales :*

Car l'**ut** ne peut-être que sur un *barreau noir* ou sur un *barreau blanc.*

Exemple :

2° Que : { *au-dessus d'un* **ut**, les notes **mi**, **sol**, **si** { occupent des barreaux de *au-dessous d'un* **ut**, les notes **la**, **fa**, **ré** { la *même couleur que l'***ut**.

Donc : { si l'**ut** est sur un *barreau noir,* les *barreaux noirs* . . . . . { *au-dessus* sont **mi**, **sol**, **si**. { *au-dessous* sont **la**, **fa**, **ré**.

{ si l'**ut** est sur un *barreau blanc,* les *barreaux blancs*. . . . . { *au-dessus* sont **mi**, **sol**, **si**. { *au-dessous* sont **la**, **fa**, **ré**.

Exemple :

```
-si-          si
sol          sol
mi           mi
ut           ut
la           la
fa           la
-ré-          ré
```

3° Que { le **sol** *au-dessus* de l'**ut** se trouve sur un barreau de la *même couleur que l'***ut**.

{ le **sol** *au-dessous* de l'**ut** se trouve sur un barreau d'une *autre couleur que l'***ut**.

$$\text{Donc:}\begin{cases}\text{si l'ut est sur un } barreau\ noir, \begin{cases}\text{le sol } au\text{-}dessus \text{ sera sur un}\\ \quad barreau\ noir.\\ \text{le sol } au\text{-}dessous \text{ sera sur un}\\ \quad barreau\ blanc.\end{cases}\\[2em]\text{si l'ut est sur un } barreau\ blanc, \begin{cases}\text{le sol } au\text{-}dessus \text{ sera sur un}\\ \quad barreau\ blanc.\\ \text{le·sol } au\text{-}dessous \text{ sera sur un}\\ \quad barreau\ noir.\end{cases}\end{cases}$$

Exemple :

```
───────SOL──────── SOL ──────────
─────────UT──────── ut ──────────
───────SOL──────── ─SOL────────────
```

4° Que deux notes à intervalle d'octave se trouvent sur des barreaux de couleurs différentes.

$$\text{Donc:}\begin{cases}\text{si l'ut } grave \text{ est} \begin{cases}\text{sur un } barreau\ noir, \text{ l'ut } aigu \text{ sera sur un}\\ \quad barreau\ blanc.\\ \text{sur un } barreau\ blanc, \text{ l'ut } aigu \text{ sera sur un}\\ \quad barreau\ noir.\end{cases}\\[2em]\text{si l'ut } aigu \text{ est} \begin{cases}\text{sur un } barreau\ noir, \text{ l'ut } grave \text{ sera sur un}\\ \quad barreau\ blanc.\\ \text{sur un } barreau\ blanc, \text{ l'ut } grave \text{ sera sur un}\\ \quad barreau\ noir.\end{cases}\end{cases}$$

Exemple :

NOTA. La lecture des remarques précédentes doit, chaque jour, précéder l'étude de la transposition, jusqu'à ce que l'on se soit rendu parfaitement maître des faits qu'elles contiennent.

(Quand il convient de commencer l'étude de la transposition).

D'après le principe qui ordonne de ne pas attaquer à la fois deux difficultés, l'on ne doit étudier les exercices de transposition qui suivent, que lorsqu'on sait bien les *sept premières séries* des exercices d'intonation sur la gamme d'ut, *mode majeur*.

Les huit numéros suivants doivent-être *lus et relus*, jusqu'à ce qu'on les chante très facilement et sans éprouver aucune difficulté à trouver le nom des barreaux.

Dans ces huit numéros, nous répétons presque toujours deux fois de suite l'ut et le sol, afin de mettre en relief ces deux barreaux qui doivent nous servir de *talons* pour trouver plus facilement le nom des autres barreaux.

PREMIÈRE SÉRIE :

No 1.

No 2.

N° 3.

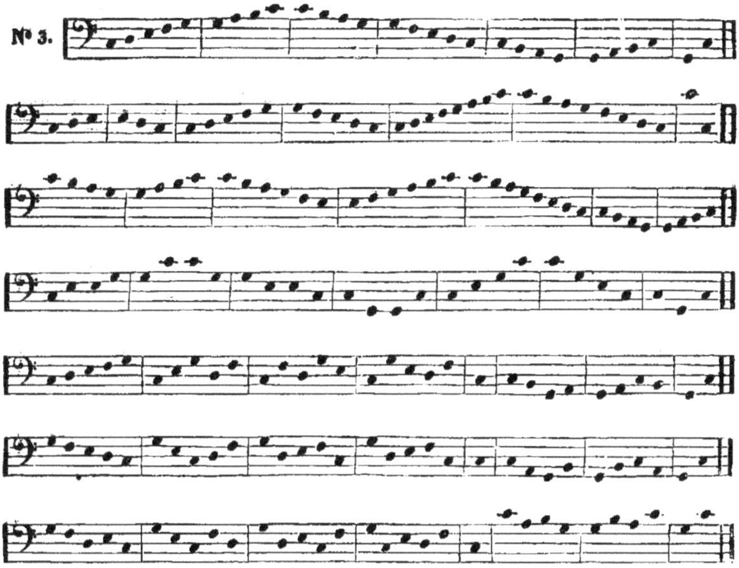

N° 4.

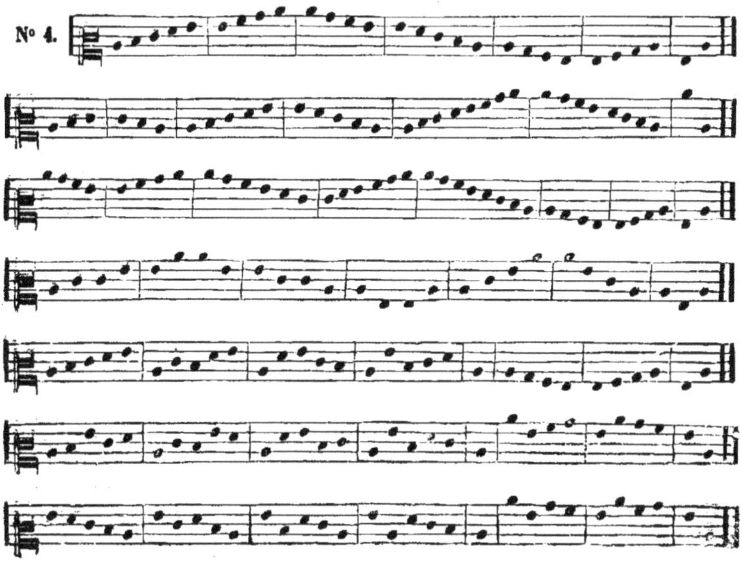

N° 5.

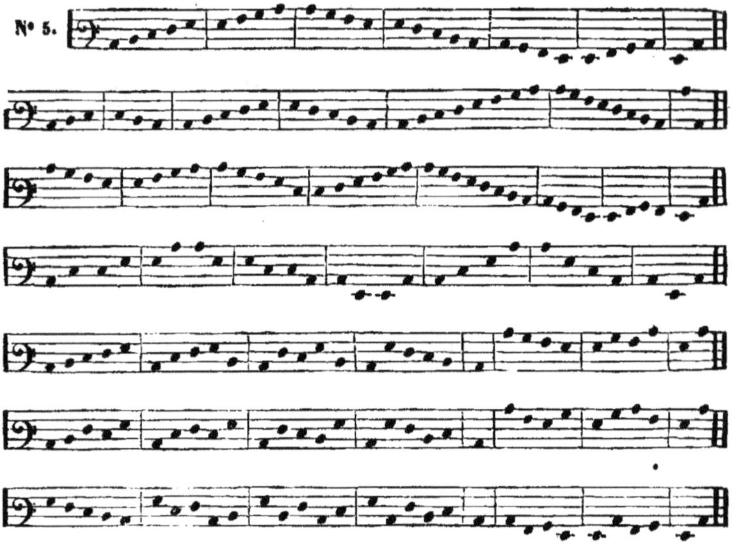

N° 6.

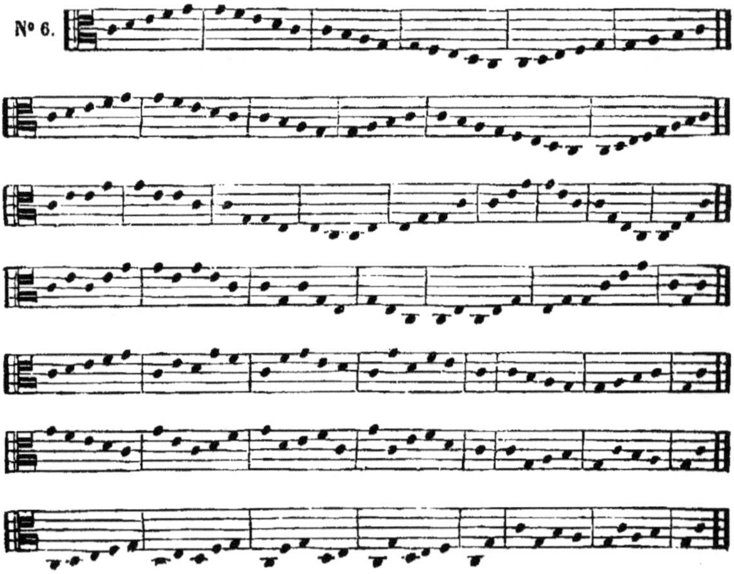

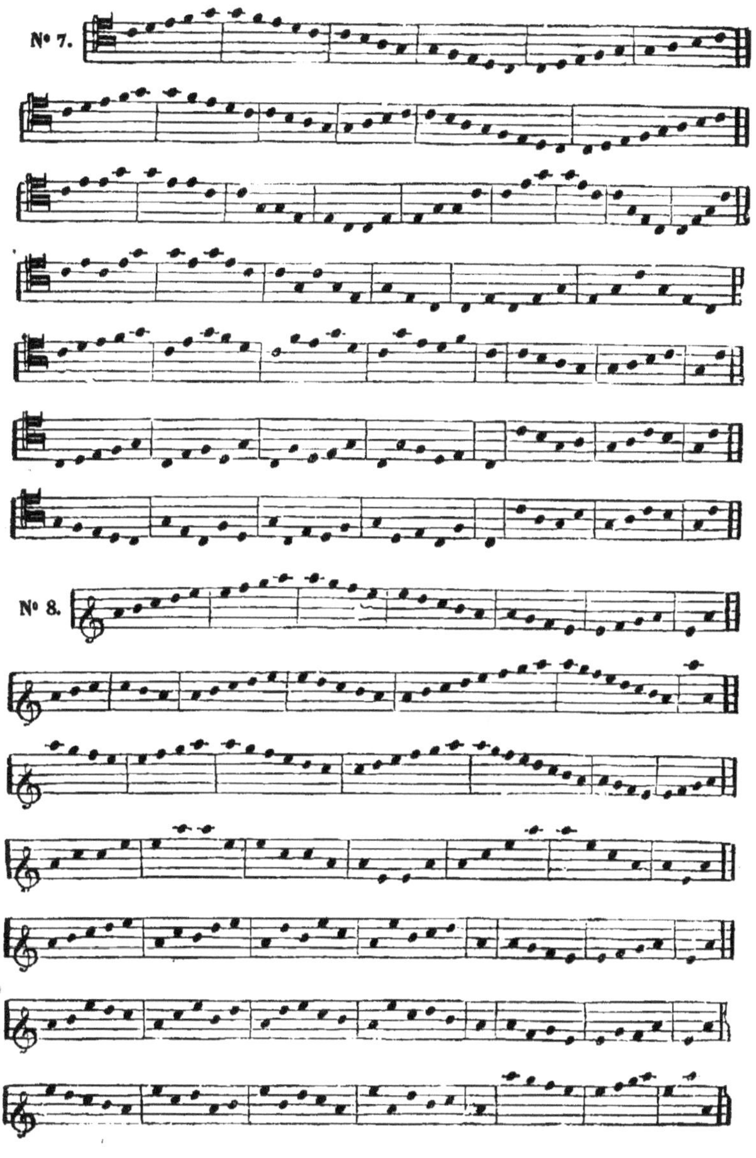
Nº 7.
Nº 8.

## DEUXIÈME SÉRIE.

Les huit numéros suivants doivent être lus et relus jusqu'à ce qu'on les chante très facilement, et sans éprouver aucune difficulté à trouver le nom des barreaux.

N° 1.

N° 2.

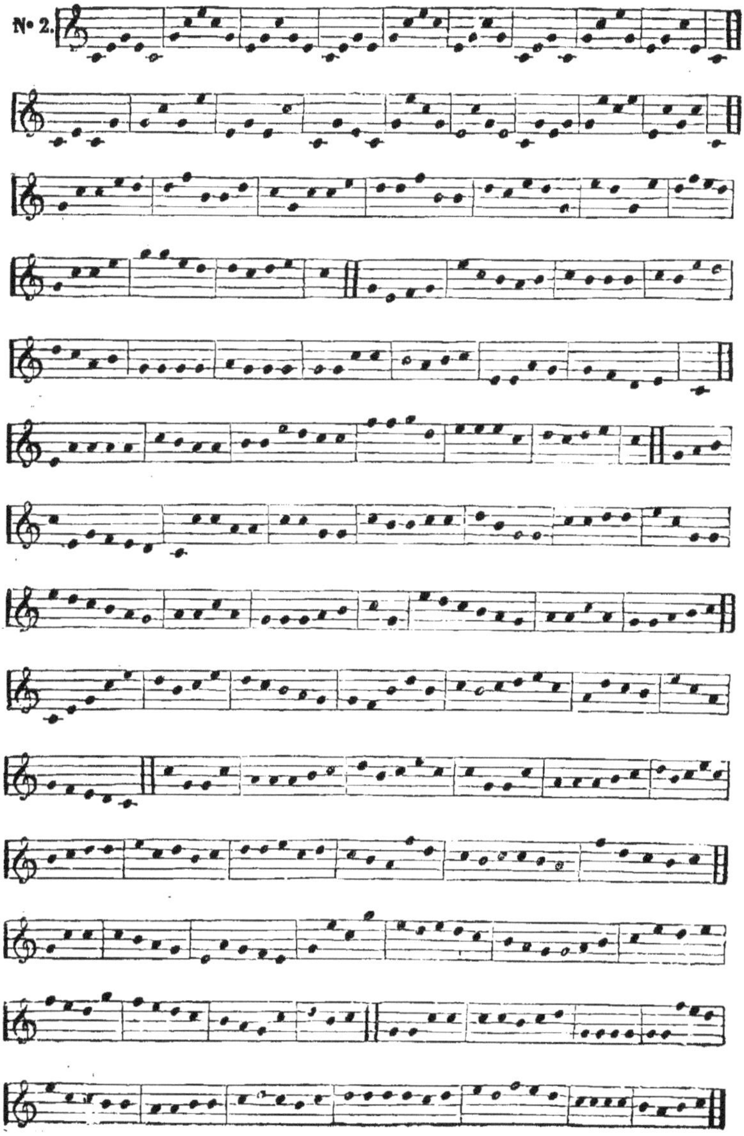

N° 3.

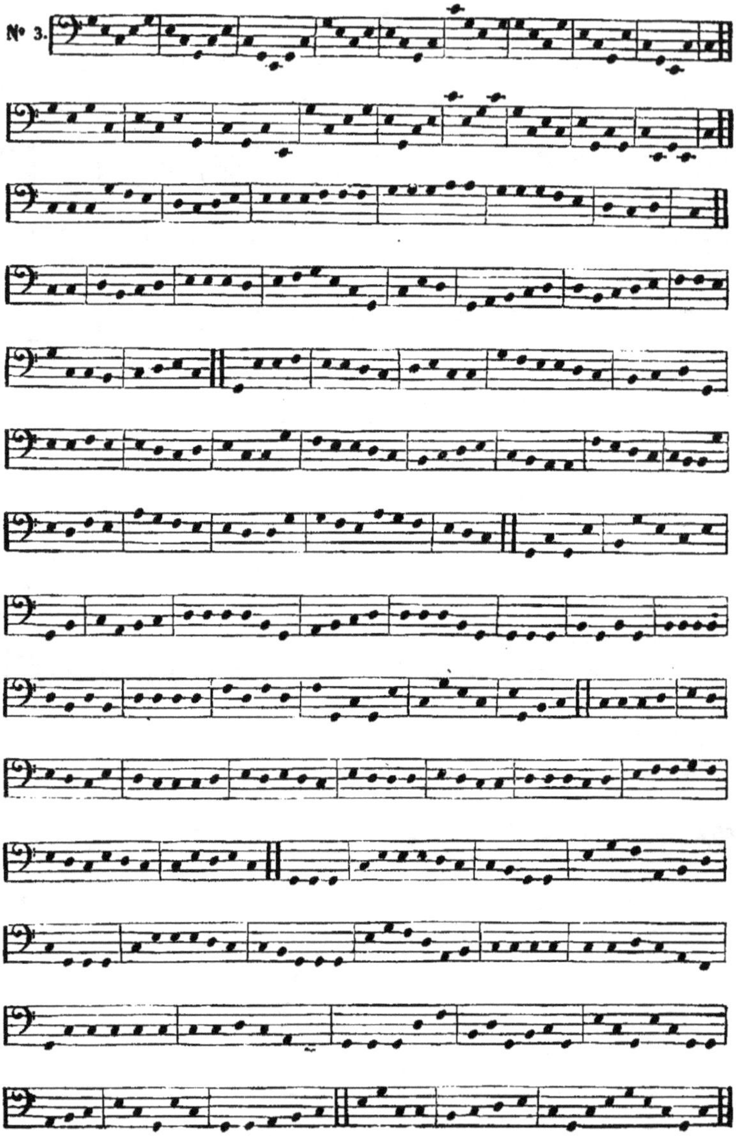

N° 4.

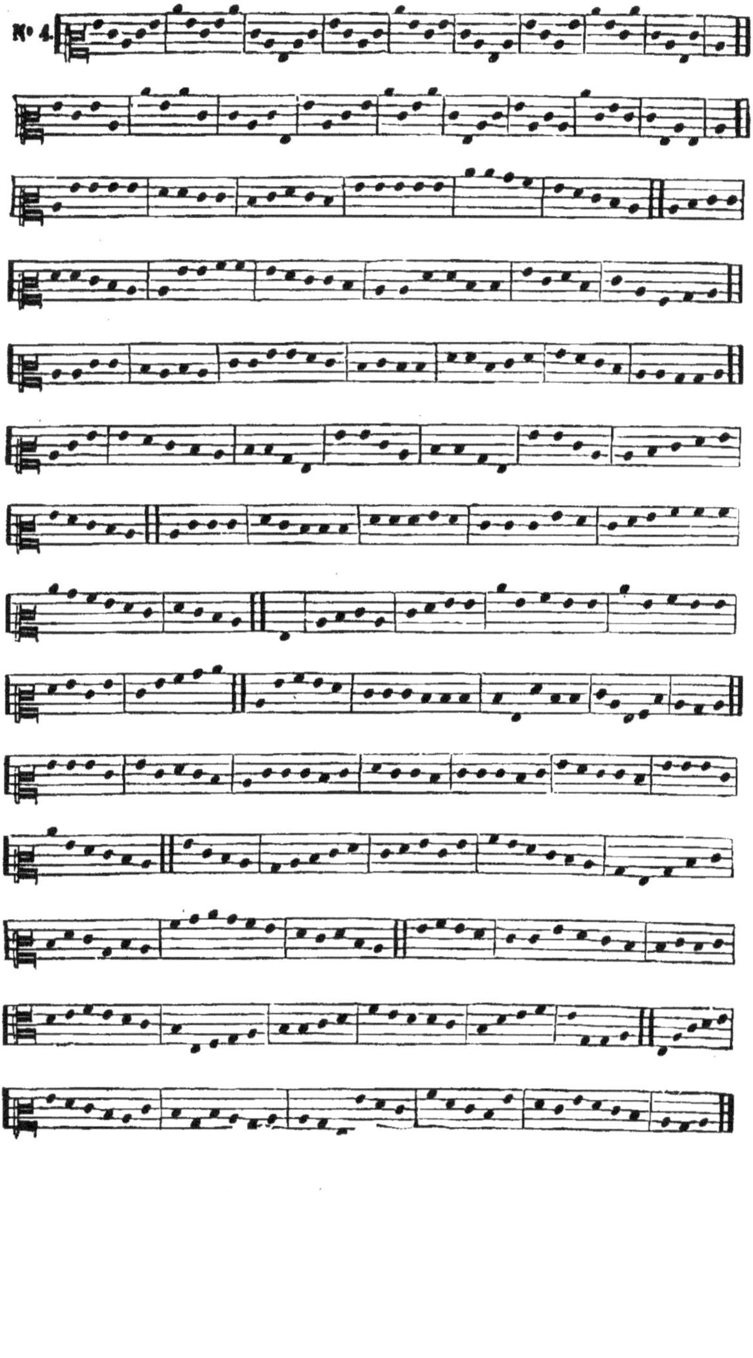

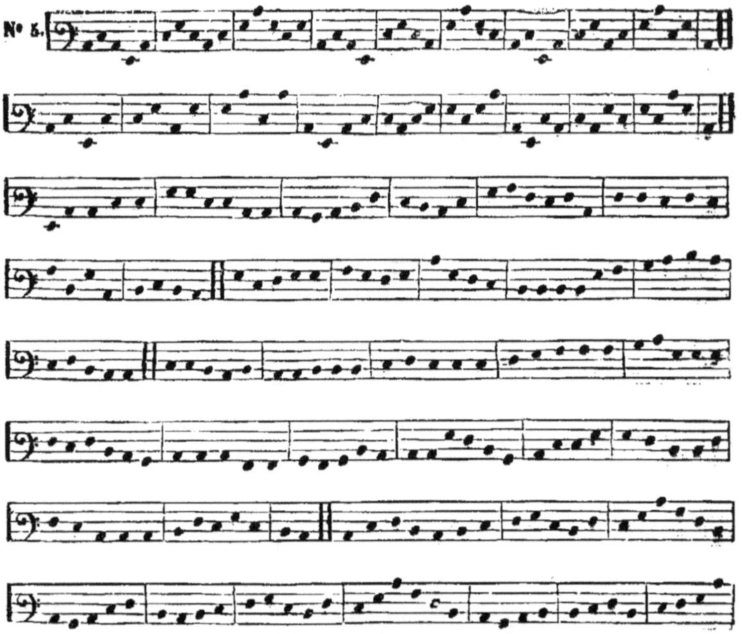
Nº 5.

N° 6.

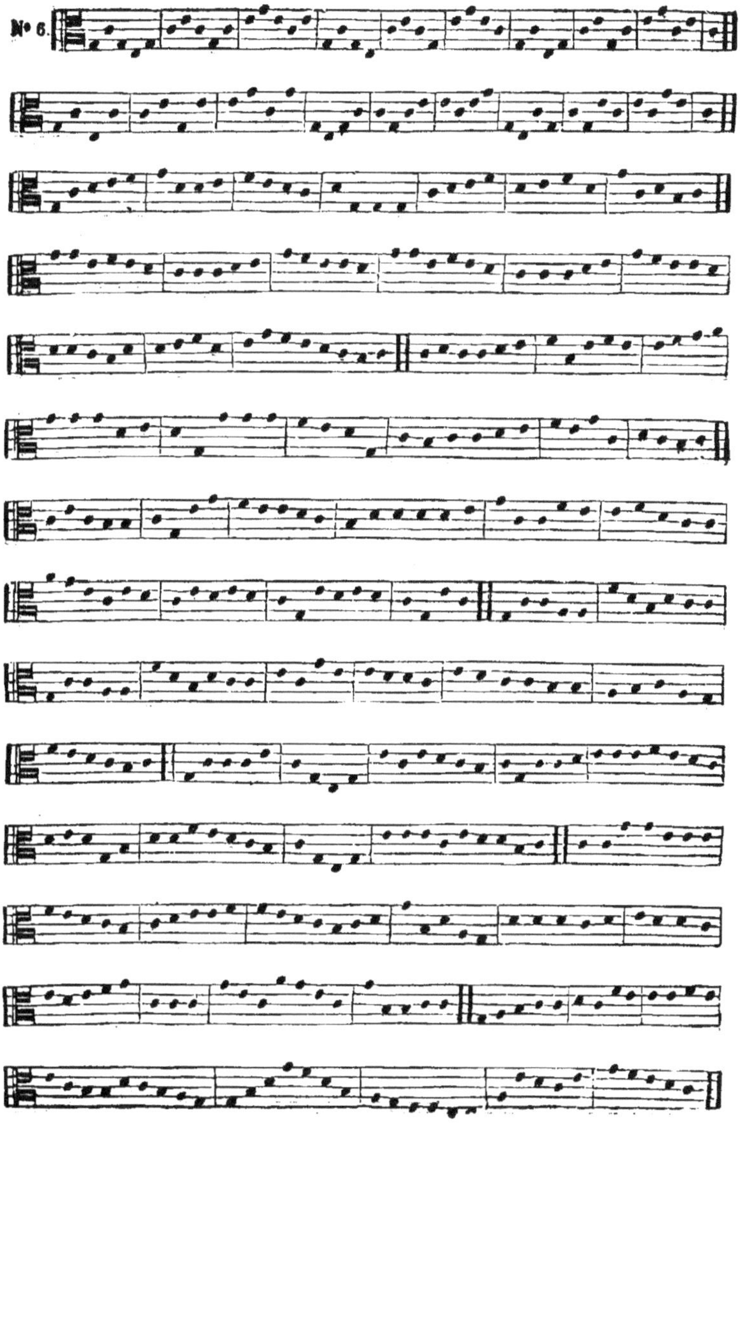

Nº 7.

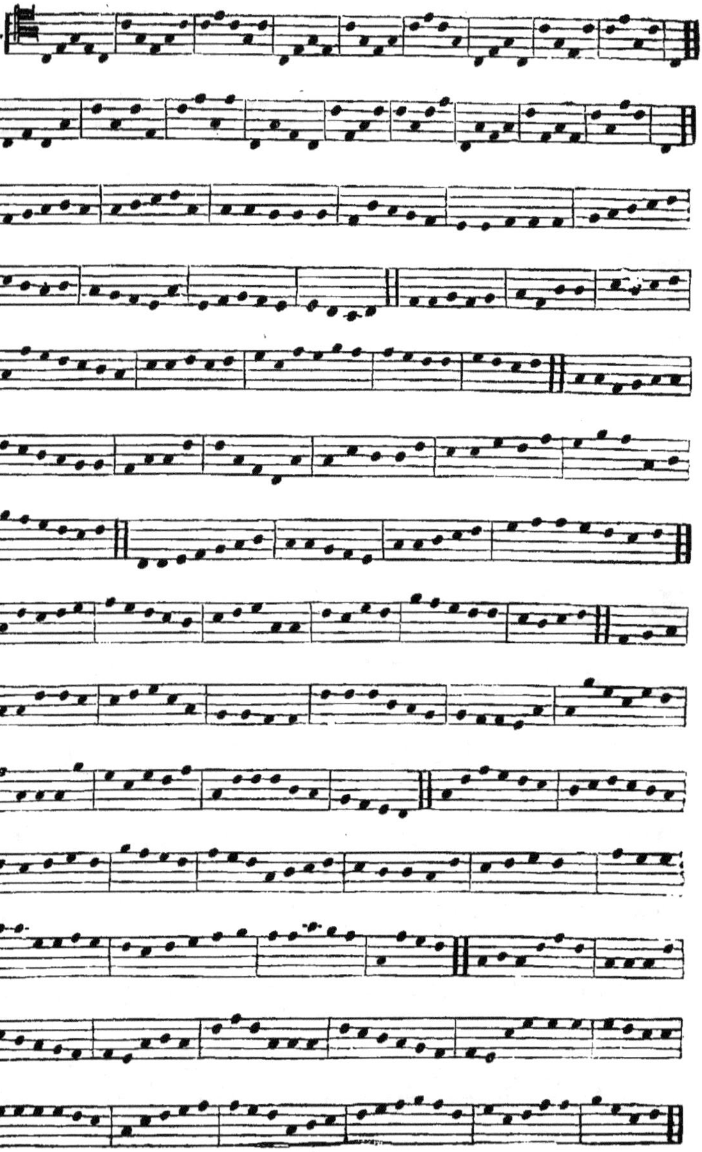

N° 8.

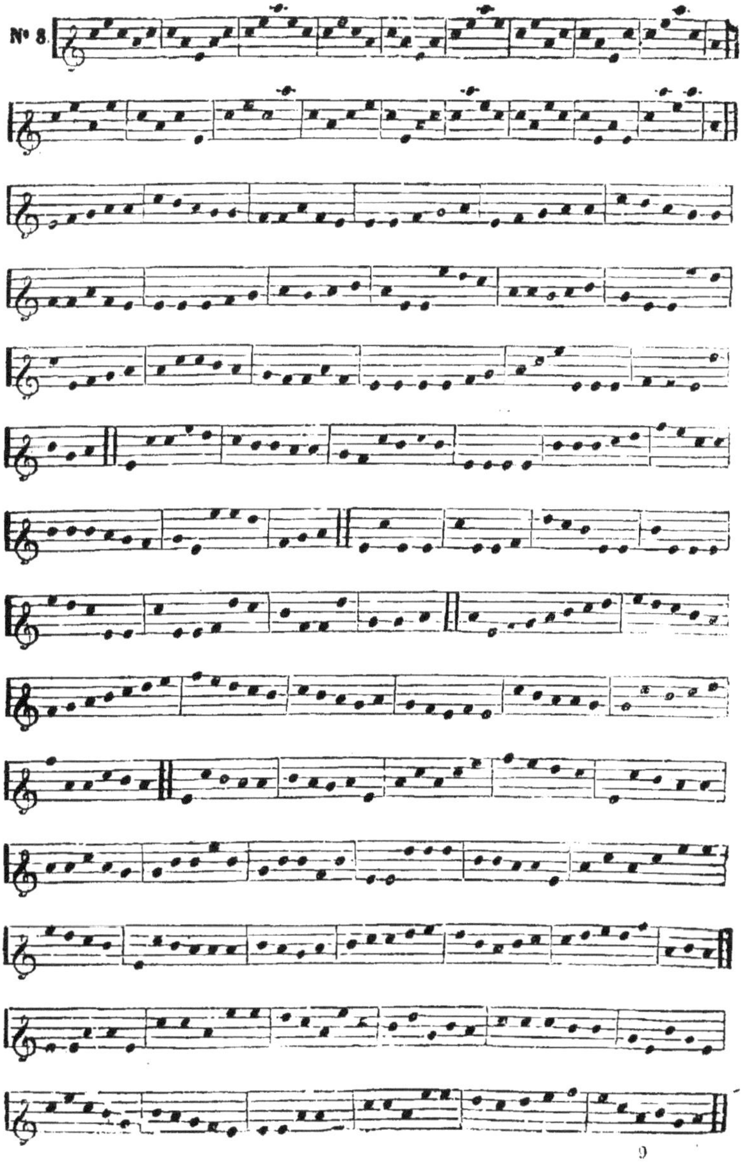

# DEUXIÈME CLASSE.

## ÉTUDE SIMULTANÉE DE LA TRANSPOSITION ET DES MODULATIONS

### Quand et comment doit se faire l'étude simultanée de la transposition et des modulations.

Pour éviter d'attaquer à la fois deux difficultés, l'on ne doit étudier les exercices simultanés de transposition et de modulations que lorsque l'on sait bien :

1° Les exercices de transposition qui précèdent;

2° Les trois premières séries des Etudes de modulations en chiffres.

Il n'y a que deux *règles* à observer *pour* arriver à *chanter facilement les dièses et les bémols :*

#### Règle pour le *dièse.*

Il faut toujours *placer,* par la pensée, *avant et après le dièse, la note supérieure* qui sert à le mesurer. Ceci est *indispensable.*

#### Règle pour le *bémol.*

Il faut toujours *placer,* par la pensée, *avant et après le bémol, la note inférieure* qui sert à le mesurer. Ceci est *indispensable.*

En suivant les deux règles qui précèdent, presque toutes les difficultés de l'intonation se réduisent aux trois suivantes :

1° Passer d'une note de la gamme d'UT à une note de la gamme d'UT;

2° Pour les *dièses, chanter* ou *penser,* sol fè sol, ré tè ré, la jè la, mi rè mi, si lè si;

3° Pour les *bémols, chanter* ou *penser,* la sèu la, ré meu ré, sol leu sol, ut reu ut, fa jeu fa.

Ces trois difficultés seront facilement surmontées par nous, puisque nous ne commençons l'étude simultanée de la transposition et des modulations que lorsque nous savons parfaitement :

1° L'intonation de la gamme d'UT;

2° L'intonation des dièses en les mesurant contre la note supérieure;

3° L'intonation des bémols en les mesurant contre la note inférieure.

Imposez-vous donc la *loi absolue, à quelque point que soit rendue votre instruction musicale,*

De ne jamais émettre
$\begin{cases} \text{un } dièse, \text{ sans penser, avant et après, à la note } supérieure \\ \quad qui \text{ } sert \text{ } à \text{ } le \text{ } mesurer. \\ \text{un } bémol, \text{ sans penser, avant et après, à la note } inférieure \\ \quad qui \text{ } sert \text{ } à \text{ } le \text{ } mesurer. \end{cases}$

Que cette obligation, que nous vous imposons, ne vous effraie pas, cependant; le temps que vous demande cette opération deviendra plus court de jour en jour, et vous arriverez, en très peu de temps, à la faire presqu'instinctivement et sans vous en apercevoir.

### Distribution des études de modulations.

Les études suivantes se composent de *plusieurs séries*; chacune des séries contient *plusieurs numéros*; chacun des numéros contient *plusieurs exercices* séparés les uns des autres *par deux barres verticales*.

Dans la première série, les dièses et les bémols sont toujours précédés et suivis de la note qui sert à les mesurer. L'étude de cette série n'offre donc pas de véritables difficultés.

Dans les autres séries, à partir de la deuxième inclusivement, il n'en est pas de même; le dièse et le bémol ne sont accompagnés que d'un seul côté de la note qui sert à les mesurer; et quelquefois même ils en sont tout-à-fait privés. C'est là qu'il faut appliquer la loi absolue que nous avons formulée plus haut.

### Comment on doit étudier chacun des exercices, à partir de la deuxième série inclusivement.

1° *Etudiez d'abord votre exercice en chantant, avant et après les dièses où les bémols, la note qui sert à les mesurer*, absolument comme si elle était écrite.

2° Etudiez-le ensuite en pensant, avant et après les dièses ou les bémols, à la note qui sert à les mesurer, absolument comme si elle était écrite.

Continuez d'étudier ainsi chacun des exercices, jusqu'à ce que vous arriviez à pouvoir chanter immédiatement les dièses et les bémols, en pensant à la note qui sert à mesurer chacun d'eux, sans être obligé de la chanter auparavant.

Nous avons insisté beaucoup, et avec intention, sur la nécessité de mesurer, toujours par la pensée le dièse contre la note supérieure et le bémol contre la note inférieure. On ne saurait trop insister sur cette obligation; car c'est là la condition indispensable pour arriver à posséder parfaitement et en peu de temps l'intonation des dièses et des bémols.

Il nous reste maintenant à signaler deux écueils presqu'inévitables pour les personnes inexpérimentées

#### Premier écueil.

Il arrive quelquefois que, pressé d'émettre le son dièse ou bémol que l'on rencontre, on ne prend pas juste la note qui sert de mesure; alors on chante faux, et l'on ne peut plus continuer. Dans ce cas, il faut reprendre avec plus de soin le passage que l'on étudie, et certainement la même faute ne se reproduira pas deux fois de suite. Pour qu'elle ne se renouvelle pas:

*Prenez toujours avec le plus grand soin la note qui doit vous servir de mesure.*

#### Deuxième écueil.

Il existe deux cas où il faut se tenir sur ses gardes pour ne pas se laisser entraîner à prendre immédiatement le dièse et le bémol sans les mesurer; c'est:

1° Lorsque l'on prend le *dièse en montant,* comme 2 ♯, par exemple;

2° Lorsque l'on prend le *bémol en descendant,* 1 ♭, par exemple.

Dans ces deux cas:

Le dièse se rencontrant, dans l'ordre ascendant des sons, avant la note qui sert à le mesurer;

Le bémol se rencontrant, dans l'ordre descendant des sons, avant la note qui sert à le mesurer;

Nous sommes entraînés, presqu'invinciblement, à les prendre directement, et il faut faire un effort pour aller prendre au-dessus du dièse et au-dessous du bémol la note qui sert à les mesurer.

C'est là une véritable difficulté; mais, avec un peu d'attention, l'on parvient vite à la surmonter, surtout lorsque cet écueil a été signalé.

*Tenez-vous donc sur vos gardes lorsque vous rencontrerez* $\begin{cases} \text{un dièse en montant.} \\ \text{un bémol en descendant.} \end{cases}$

#### De la recherche du *barreau tonique*, celui que l'on doit nommer ᴜᴛ, et des *différentes significations* du signe appelé *bécarre.*

Nous supposons ici que l'on a soigneusement étudié dans la partie théorique de cet ouvrage:

1° La génération des tons par dièses et par bémols, et le moyen que l'on emploie pour indiquer, au commencement d'un morceau de musique, quelle est la *tonique;*

2° Les différentes significations du signe appelé *bécarre.*

Nous nous bornerons donc maintenant à indiquer comment on doit chercher le *barreau tonique,* celui que l'on doit appeler ᴜᴛ, et à rappeler sommairement les différentes significations du *bécarre,* sans joindre à cela aucune autre explication afin d'éviter de nous répéter

**Comment** on doit chercher le *barreau tonique*, celui que l'on doit appeler **ut**.

Il faut :

1º Si la clef est armée
{ par *dièses*, se rappeler la formule de l'armure de la *déesse : saurez l'ami si fais taie.*
par *bémols*, se rappeler la formule de l'armure bien *moile : fat se meut l'heure je te.*

2º Voir combien il y a { de dièses } à la clé , et chercher, au
{ de bémols } moyen de la formule qui s'y rapporte, qu'elle est la *note tonique.*

3º Chercher, au moyen de la clef, quel est le barreau sur lequel se trouve la note *tonique* et l'appeler **ut.**

4º Avoir toujours soin de remarquer, avant de chanter, quels sont, sur la portée, les barreaux **ut** et **sol,** afin de s'en servir comme de *jalons* pour trouver le nom des autres.

**Quelles** sont les différentes significations du *bécarre* **dans la** *traduction* en langue d'**ut.**

Si le *bécarre*

détruit
{ un *dièse de l'armure,* il signifie : faites un *bémol.* Exemple:

un *bémol de l'armure,* il signifie : faites un *dièse.* Exemple:

détruit
{ un dièse accidentel, il signifie : cessez de faire le dièse. Ex.:

un bémol accidentel, il signifie : cessez de faire le bémol. Ex.:

Traduction.
1 5 5 6 7 6

Traduction.
1 5 4 5

Traduction.
6 5 6 5 4 5

Traduction.
6 7 6 7 1

Le ♮, le ♯ et le ♭ accidentels étendent leur influence, dans les limites de la mesure où ils se trouvent, sur toutes les notes qui, venant après eux, se trouvent sur le barreau où ils sont placés, et sur toutes les notes du même nom, à une ou plusieurs octaves au-dessus ou au-dessous.

Exemple:

Traduction.
1 6 5 5 5 6 7 1 3 6 5 6

Donc: lorsque plusieurs notes du même nom suivent le ♮, le ♯ où le ♭ accidentel, dans la mesure où ils se trouvent, le compositeur, s'il ne veut pas
qu'elles subissent l'influence de l'accident, l'indique, selon le cas, de l'une des
manières suivantes:

1°) 
2°) Il met un ♮ pour détruire l'influence { du ♯ accidentel. } (Vérifiez).
     { du ♭ accidentel. }

3° Il remet le ♯ de la clef )
4° Il remet le ♭ de la clef ) pour détruire l'influence du ♮ accidentel. (Vérifiez).

Puisque les signes accidentels de la musique n'ont d'influence que dans
l'étendue de la mesure où ils se trouvent, on ne doit plus y penser lorsque
l'on a franchi cette limite.

Cependant, très souvent, les compositeurs, pour rendre, disent-ils, l'écriture
plus claire, placent dans les mesures qui suivent les signes accidentels des
signes pour détruire leur influence quoiqu'elle n'existe plus. C'est une grande
faute que d'écrire ainsi, puisque l'on complique inutilement l'écriture musicale, déjà si difficile à lire quand elle est correcte.

Il faut donc, lorsque l'on rencontre un signe accidentel dont on ne com-
prend pas bien la signification, jeter un coup-d'œil en arrière pour voir si
ce n'est pas un signe inutile, placé là pour détruire l'influence d'un signe
accidentel que l'on a rencontré précédemment, et auquel on ne pense plus.

Dans les exercices qui vont suivre, nous conserverons ces signes inutiles,
parce qu'on les rencontre partout et que l'œil doit s'y habituer. Toutefois, pour
que la personne qui étudie sache toujours ce qu'elle doit faire, nous marque-
rons du signe ( + ) tout accident inutile. Donc, tout signe accidentel surmonté
du signe + devra être regardé comme non avenu.

PREMIÈRE SÉRIE.

Dièse précédé et suivi de la note supérieure qui sert à le mesurer.

Bémol précédé et suivi de la note inférieure qui sert à le mesurer.

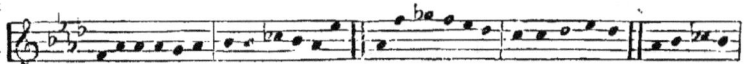

## DEUXIÈME SÉRIE.

Dièse { pris en *descendant*.
{ précédé de la *note supérieure*.

**Placez toujours, par la pensée, avant et après le dièse, la note supérieure qui sert à le mesurer.**

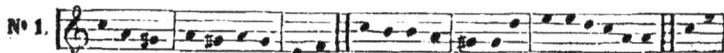

DEUXIÈME SÉRIE (*bis*)

**Bémol** { pris en *montant*.
{ *précédé* de la *note inférieure*.

Placez toujours, par la pensée, avant et après le bémol, la note inférieure qui sert à le mesurer.

N° 1.

N° 2.

N° 3.

N° 4.

N° 5.

**DIÈSE** { pris en *descendant.*
{ précédé de la *note supérieure.*

Placez toujours, par la pensée, avant et après le dièse, la note supérieure qui sert à le mesurer.

N° 1.

N° 2.

**Nº 3.**

**Nº 4.**

**Nº 5.**

## TROISIÈME SÉRIE (bis).

BÉMOL { pris en *montant.*
{ *précédé* de la *note inférieure.*

Placez toujours, par la pensée, avant et après le bémol, la note inférieure qui sert à le mesurer.

**Nº 1.**

**Nº 2.**

**Nº 3.**

## QUATRIÈME SÉRIE.

Dièse { pris en *descendant*.
{ *suivi* de la *note supérieure.*

Placez toujours, par la pensée, avant et après le dièse, la note supérieure qui sert à le mesurer.

## QUATRIÈME SÉRIE (bis).

BÉMOL { pris en *montant*.
       { suivi de la *note inférieure*

Placez toujours, par la pensée, avant et après le bémol, la note inférieure qui sert à le mesurer.

## CINQUIÈME SÉRIE.

Dièse { pris en *montant*.
{ *suivi* de la *note supérieure.*

Placez toujours, par la pensée, avant et après le dièse, la note supérieure qui sert à le mesurer.

Nº 1.

Nº 2.

Nº 3.

Nº 4.

Nº 5.

10

## CINQUIÈME SÉRIE *(bis)*.

BÉMOL { pris en *descendant*.
{ suivi de la *note inférieure*.

Placez toujours, par la pensée, avant et après le bémol, la note inférieure qui sert à le mesurer.

Nº 1.

Nº 2.

Nº 3.

Nº 4.

## SIXIÈME SÉRIE.

**DIÈSE** { pris en *montant*.
{ *privé* quelquefois de la *note supérieure*.

Placez toujours, par la pensée, avant et après le dièse , la note supérieure qui sert à le mesurer.

No 5.

No 6.

## SIXIÈME SÉRIE (bis).

BÉMOL { pris en *descendant*.
{ *privé* quelquefois de la *note inférieure*.

Placez toujours, par la pensée, avant et après le bémol, la note inférieure qui sert à le mesurer.

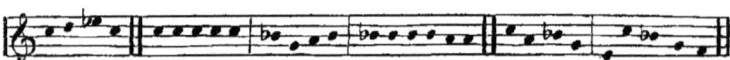

No 1.

No 2.

No 3.

No 4.

+

## SIXIÈME SÉRIE *(ter)*.

### DIÈSE ET BÉMOL PAR DEGRÉS CONJOINTS.

Placez toujours, par la pensée, avant et après { le dièse , la note supérieure qui sert à le mesurer. le bémol , la note inférieure qui sert à le mesurer.

No 1.

No 2.

## SEPTIÈME SÉRIE.

DIÈSE { pris en *montant.* Intervalle chromatique. suivi de la *note supérieure.*

Placez toujours, par la pensée, avant et après le dièse, la note supérieure qui sert à le mesurer.

No 1.

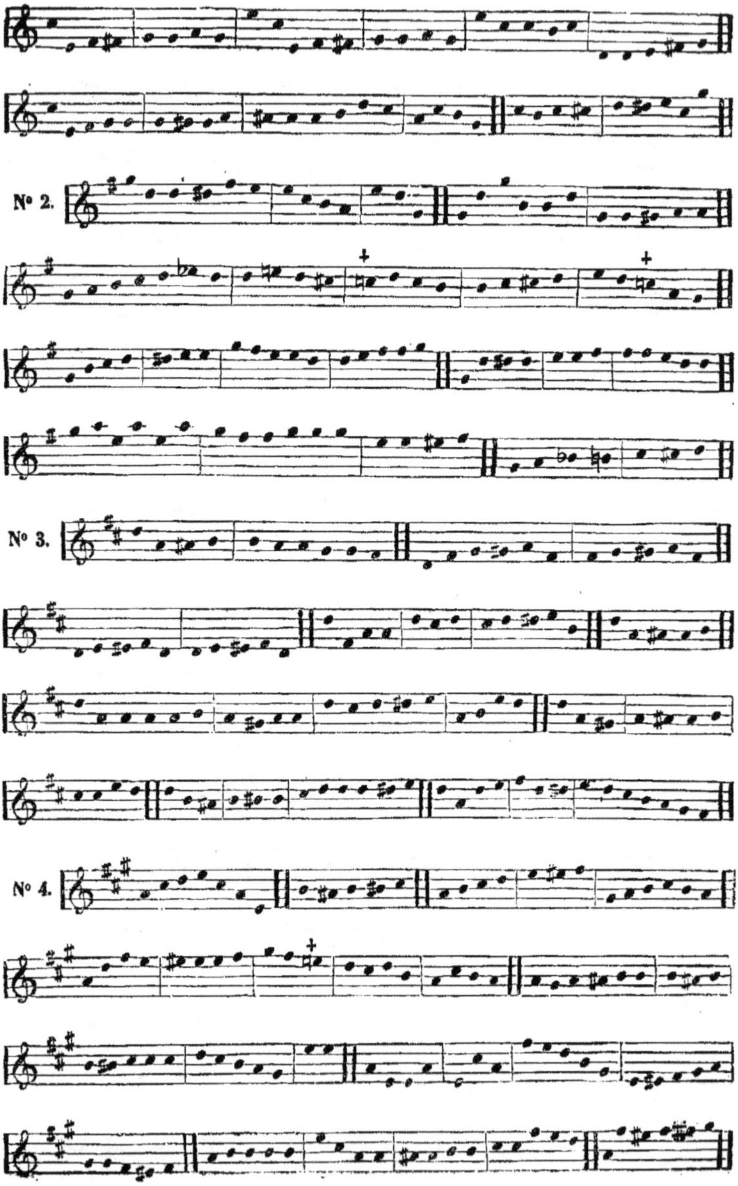
Nº 2.
Nº 3.
Nº 4.

No 5.

SEPTIÈME SÉRIE *(bis)*.

Bémol { pris en *descendant*. Intervalle chromatique.
{ suivi de la *note inférieure*.

Placez toujours, par la pensée, avant et après le bémol, la note inférieure qui sert à le mesurer.

No 1.

No 2.

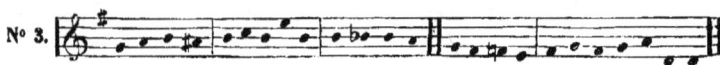

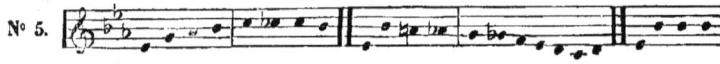

### HUITIÈME SÉRIE.

Dièse { pris en *descendant* à intervalle de tierce.
{ *privé* quelquefois de la *note supérieure.*

Placez toujours, par la pensée, avant et après le dièse, la note supérieure qui sert à le mesurer.

No 1.

No 2.

+

No 3.

No 4.

## HUITIÈME SÉRIE (bis).

Bémol { pris en *montant* à intervalle de tierce.
{ *privé* quelquefois de la *note inférieure.*

Placez toujours, par la pensée, avant et après le bémol, la note inférieure qui sert à le mesurer.

## NEUVIÈME SÉRIE.

**Dièse** { pris en *montant* à intervalle de tierce.
{ *privé* quelquefois de la *note supérieure.*

Placez toujours, par la pensée, avant et après le dièse, la note supérieure qui sert à le mesurer.

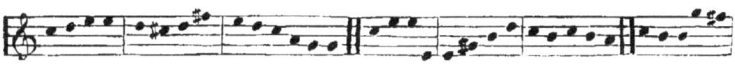

No 1.

No 2.

N° 3.

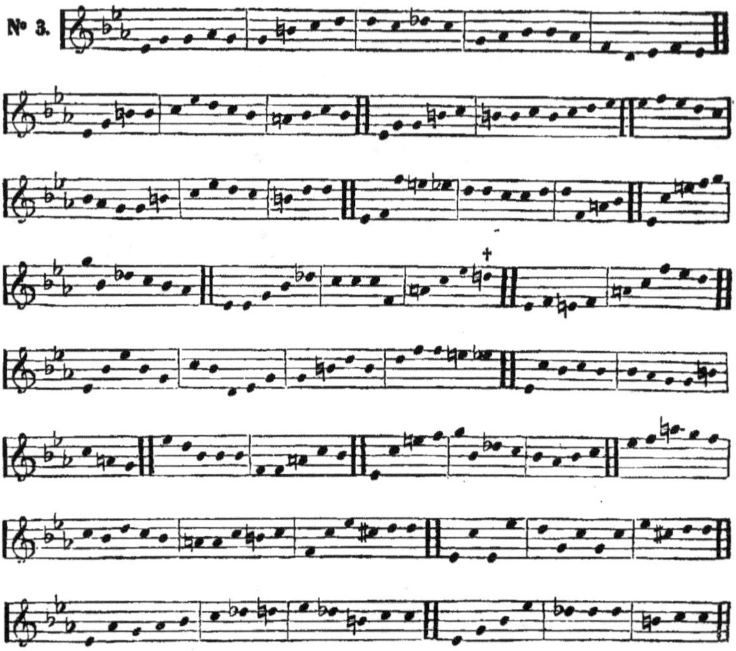

N° 4.

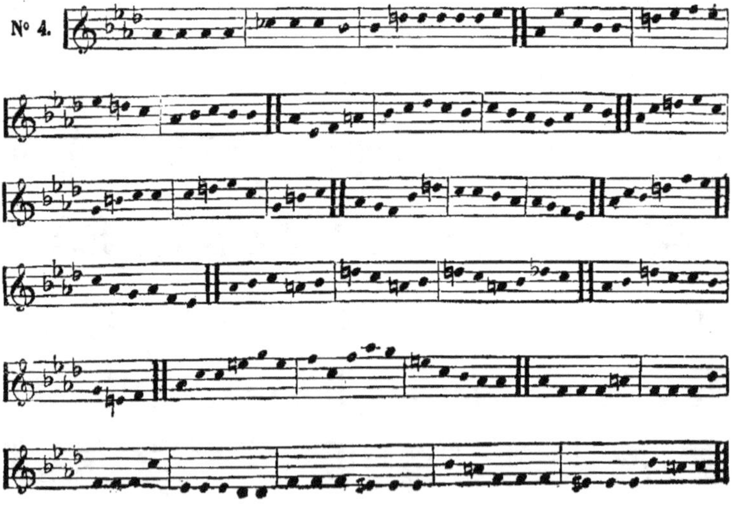

## NEUVIÈME SÉRIE *(bis)*.

Bémol { pris en *descendant* , à intervalle de tierce.
{ *privé* quelquefois de la *note inférieure*

Placez toujours, par la pensée, avant et après le bémol, la note inférieure qui sert à le mesurer.

No 1.

No 2.

No 3.

## DIXIÈME SÉRIE.

DIÈSE { pris en *descendant* et en *montant* à intervalle de quarte.
{ *privé* quelquefois de la *note supérieure.*

Placez toujours, par la pensée, avant et après le dièse, la note supérieure qui sert à le mesurer.

## DIXIÈME SÉRIE (bis).

**BÉMOL** { pris en *montant* et en *descendant* à intervalle de quarte.
{ *privé* quelquefois de la *note inférieure.*

Placez toujours, par la pensée, avant et après le bémol, la note supérieure qui sert à le mesurer.

No 1.

No 2.

No 3.

No 4.

ONZIÈME SÉRIE.

Dièse { pris en *descendant* et en *montant*, à intervalle de quinte.
{ *privé* quelquefois de la *note supérieure*.

Placez toujours, par la pensée, avant et après le dièse, la note supérieure qui sert à le mesurer.

## ONZIÈME SÉRIE *(bis)*.

BÉMOL { pris en *montant* et *en descendant*, à intervalle de quinte.
{ *privé* quelquefois de la *note inférieure*.

Placez toujours, par la pensée, avant et après le bémol, la note inférieure qui sert à le mesurer.

11

Dièse { pris en *descendant* et en *montant*, à intervalle de **sixte**.
{ *privé* quelquefois de la *note supérieure*.

Placez toujours, par la pensée, avant et après le dièse, la note supérieure qui sert à le mesurer.

No. 1.

No. 2.

No. 3.

## DOUZIÈME SÉRIE *(bis)*.

**BÉMOL** { pris en *montant* et en *descendant*, à intervalle de sixte.
{ privé quelquefois de la *note inférieure*.

Placez toujours, par la pensée, avant et après le bémol, la note supérieure qui sert à le mesurer.

N° 1

N° 2.

N° 3.

N° 4.

## TREIZIÈME SÉRIE.

**Dièse** { pris en *montant* et en *descendant*, à intervalle de septième, **etc.**
{ *privé* quelquefois de la *note supérieure*.

Placez toujours, par la pensée, avant et après le dièse, la note supérieure qui sert à le mesurer.

### TREIZIÈME SÉRIE *(bis)*.

**Bémol** ⎰ pris en *montant* et en *descendant*, à intervalle de septième, etc.
⎱ *privé* quelquefois de la *note inférieure*.

Placez toujours, par la pensée, avant et après le bémol, la note inférieure qui sert à le mesurer.

Nº 6.

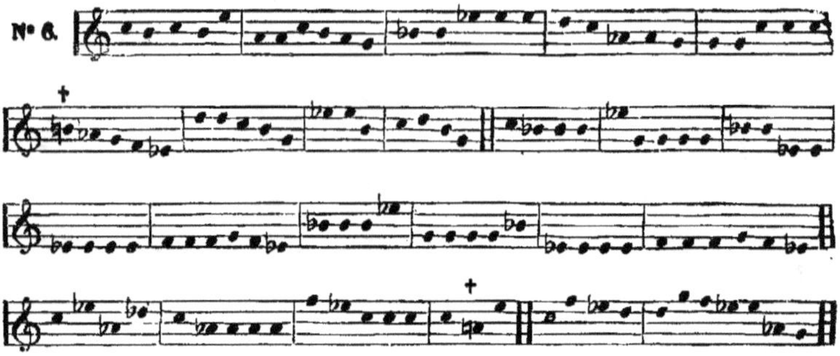

Nº 7.

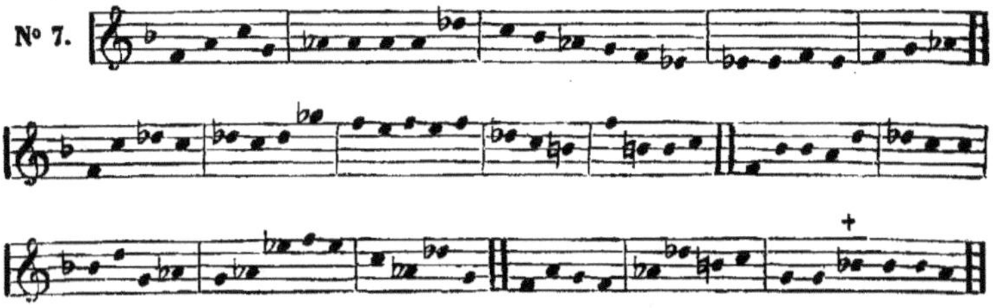

Nº 8.

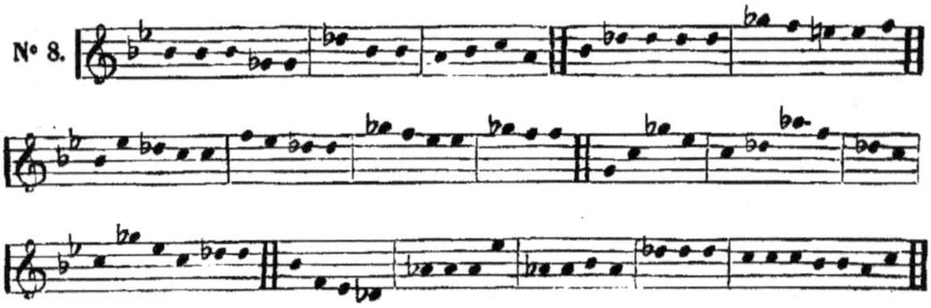

Nº 9.

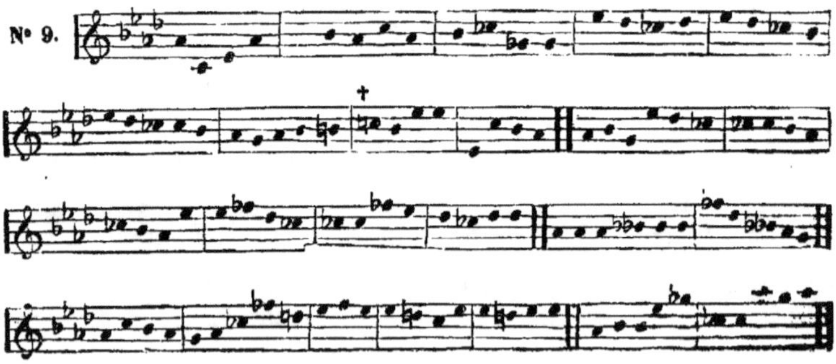

## QUATORZIÈME SÉRIE.

DIÈSE { *deux dièses* de suite par *degrés conjoints.*
{ pris en *montant* et en *descendant.*

Pour chanter MI, FÈ, JÈ, LA; et SI, TÈ, RÈ, MI, pensez SOL, LA, SI, UT.
Pour chanter LA, JÈ FÈ, MI; et MI, RÈ, TÈ, SI, pensez UT, SI, LA, SOL.

Nº 5.

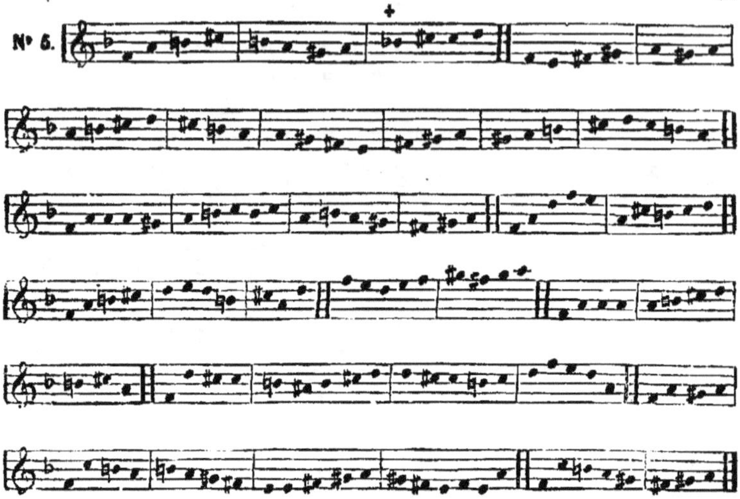

Nº 6.

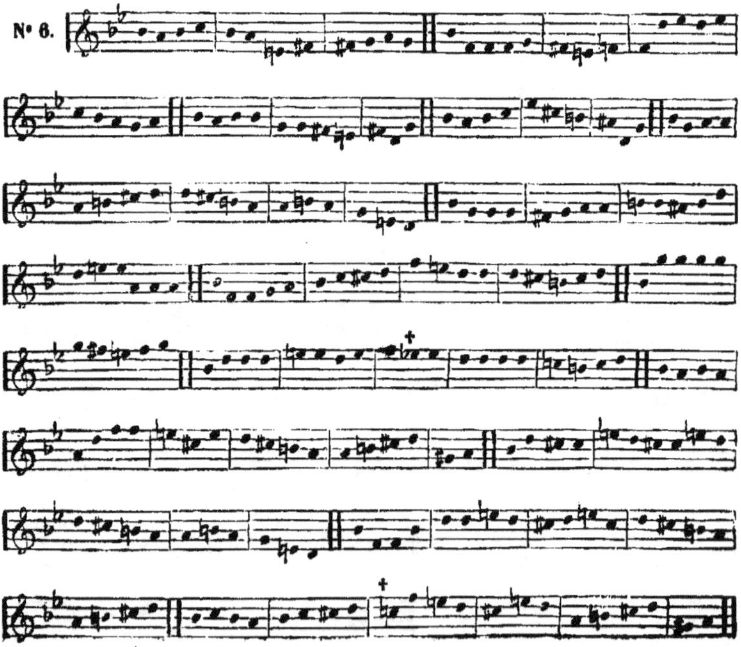

## QUATORZIÈME SÉRIE *(bis)*.

**BÉMOL** } *deux bémols* de suite par *degrés conjoints.*
pris en *descendant* et en *montant.*

Pour chanter UT, SEU, LEU, SOL et FA MEU, REU, UT, pensez LA, SOL, FA, MI.
Pour chanter SOL, LEU, SEU, UT ; et UT, REU, MEU, FA, pensez MI, FA, SOL, LA.

# TROISIÈME CLASSE.

Il ne faut étudier les exercices de mesure qui vont suivre que quand on est maitre de la mesure en chiffres.

Le seul moyen de se familiariser avec ces exercices, c'est de les traduire en chiffres avant de les chanter; nous engageons donc de toutes nos forces à faire cette traduction; sans elle, il y a une foule de mesures sur la portée dont il est impossible de se rendre compte.

Quand cette traduction a été faite avec soin, il faut chanter par colonnes verticales, en ne lisant d'abord que la première mesure de chaque ligne, de haut en bas, puis la seconde, et ainsi de suite jusqu'à la dernière mesure de chaque ligne.

Quand on saura lire le tableau par colonnes verticales, on le lira par lignes horizontales, en suivant la grande accolade qui surmonte le tableau.

Ce n'est qu'après s'être rendu bien maître des deux premiers tableaux, qu'il faudra passer aux suivants.

Toutes les fois que l'on éprouvera de la difficulté dans un exercice de mesure, il faudra le retraduire en chiffres, pour le bien comprendre, et lui appliquer la langue des durées de M. Aimé Paris.

— Lorsqu'ils écrivent pour les instruments, les compositeurs groupent plus ou moins régulièrement les diverses notes qui composent chaque mesure; mais quand, au contraire, ils écrivent pour la voix, ils isolent tous les signes, de manière que chaque note corresponde à une des syllabes de la poésie que l'on chante. Ils ne groupent les notes que lorsque plusieurs se chantent sur la même syllabe. — Ce livre étant spécialement consacré à l'étude de la musique vocale, nous avons employé les *signes isolés*. Nous retrouverons les *signes liés* dans la méthode instrumentale que nous publierons bientôt.

Pour ne pas multiplier les exercices à l'infini, nous avons pris partout, pour unité de temps, la noire pour la division binaire et la noire pointée pour la division ternaire. Nous n'emploierons jamais, comme unité de temps, la ronde, la blanche, la croche; la ronde pointée, la blanche pointée, la croche pointée. Les personnes qui voudraient avoir les exercices de mesure avec ces unités diverses, peuvent se les procurer facilement en traduisant tous nos exercices.

*N. B.* Avant de chanter ces exercices, étudiez avec soin, à la partie théorique de cet ouvrage, tout ce qui est relatif à la mesure sur la portée.

# TABLEAU GÉNÉRAL DES COUPES.

DIVISION BINAIRE. LA NOIRE (♩) POUR UNITÉ.

# TABLEAU GÉNÉRAL DES COUPES.

### DIVISION BINAIRE (N° 1 *bis*).

EXERCICES SUR LES COUPES DE LA PREMIÈRE ET DE LA DEUXIÈME COLONNE
DU TABLEAU GÉNÉRAL N° 1.

## PREMIER GROUPE.

## DEUXIÈME GROUPE.

## TROISIÈME GROUPE.

Mesure à 4 temps ou C.

## QUATRIÈME GROUPE.

Mesure à 4 temps ou C.

## CINQUIÈME GROUPE.

## SIXIÈME GROUPE.

## SEPTIÈME GROUPE.

EXERCICES SUR LES COUPES DE LA DEUXIÈME ET DE LA TROISIÈME COLONNE
DES TABLEAUX GÉNÉRAUX. (DIVISION BINAIRE.)

### PREMIER GROUPE.

Mesure à deux temps ou deux quatre, à étudier d'abord à quatre temps, ensuite à deux.

## DEUXIÈME GROUPE

**Mesure à** deux temps ou deux-quatre. A étudier d'abord à quatre temps et ensuite **à deux.**

## TROISIÈME GROUPE

Mesure à deux temps ou deux-quatre. Étudiez d'abord à quatre temps et ensuite à deux.

## QUATRIÈME GROUPE

Mesure à deux temps ou deux-quatre. Étudiez d'abord à quatre temps et ensuite à deux.

## CINQUIÈME GROUPE.

Mesure à deux temps ou deux quatre. A étudier d'abord à quatre temps et ensuite à deux.

## SIXIÈME GROUPE.

Mesure à deux temps ou deux-quatre. A étudier d'abord á quatre temps et ensuite à deux.

EXERCICES SUR LES COUPES DES TROIS DERNIÈRES COLONNES DU TABLEAU GÉNÉRAL
(DIVISION BINAIRE).

Mesure à deux temps ou deux-quatre. Étudiez d'abord à quatre temps et ensuite à deux

## DIVISION TERNAIRE DE L'UNITÉ.

### TABLEAU GÉNÉRAL DES PRINCIPALES COUPES.

**Mesure à deux temps ou six-huit.** Etudiez d'abord en fe ant de chaque mesure deux mesures à trois temps.
Etudiez ensuite à deux temps.

### EXERCICES SUR LES COUPES DE LA PREMIÈRE COLONNE DU TABLEAU GÉNÉRAL
#### (DIVISION TERNAIRE).

## PREMIER GROUPE

Mesure à deux temps ou six-huit. Étudiez d'abord en fesant de chaque mesure deux mesures à trois temps.
Étudiez ensuite à deux temps.

## DEUXIÈME GROUPE

Mesure à deux temps (six-huit.) Etudiez-d'abord en fesant de chaque mesure deux
mesures à trois temps; étudiez ensuite à deux temps.

**EXERCICES SUR LA DEUXIÈME COLONNE DU TABLEAU GÉNÉRAL (DIVISION TERNAIRE).**

Mesure à deux temps ou six-huit. Étudiez d'abord en fesant de chaque mesure deux mesures à trois temps; étudiez ensuite à deux temps.

### EXERCICES SUR LA TROISIÈME COLONNE DU TABLEAU GÉNÉRAL (DIVISION TERNAIRE).

Mesure à deux temps ou six-huit. Étudiez d'abord en faisant de chaque mesure deux mesures à trois temps ;
Étudiez ensuite à deux temps.

**Exercices mixtes** { Division binaire. 1re et 2me colonne du tableau général.
Division ternaire. 1re colonne du tableau général.

Mesure à trois temps, ou trois-quatre.

Paris. — Imp. de L. TINTERLIN et Cie. rue Neuve-des-Bons-Enfants

www.ingramcontent.com/pod-product-compliance
Lightning Source LLC
LaVergne TN
LVHW020952090426
835512LV00009B/1848